AF460677

NOTICE BIOGRAPHIQUE

SUR

LA VIE, LES ŒUVRES

DE

ALBERT MONTÉMONT

Homme de lettres,
Membre de la Société Philotechnique, de la Société de Géographie,
de l'Académie royale de Madrid
et de plusieurs Sociétés savantes nationales et étrangères,
Chevalier de la Légion d'Honneur,
né à Rupt-sur-Moselle le 20 août 1788, mort à Paris le 30 décembre 1861

PAR

M. CHARLES Victor-Emmanuel

Médecin de la Faculté de Nancy,
Membre de la Société médicale des Vosges
et de la Société de Médecine dosimétrique de Paris,
à Rupt-sur-Moselle (Vosges)

(PRIX : 1 FRANC)

REMIREMONT
IMPRIMERIE ET LITHOGRAPHIE MOUGIN
ET CHEZ LES LIBRAIRES
1879

NOTICE BIOGRAPHIQUE

SUR

LA VIE, LES ŒUVRES

DE

ALBERT MONTÉMONT

Homme de lettres,
Membre de la Société Philotechnique, de la Société de Géographie,
de l'Académie royale de Madrid
et de plusieurs Sociétés savantes nationales et étrangères,
Chevalier de la Légion d'Honneur,
né à Rupt-sur-Moselle le 20 août 1788, mort à Paris le 30 décembre 1861

PAR

M. CHARLES Victor-Emmanuel

Médecin de la Faculté de Nancy,
Membre de la Société médicale des Vosges
et de la Société de Médecine dosimétrique de Paris,
à Rupt-sur-Moselle (Vosges)

PRIX : 1 FRANC

REMIREMONT
IMPRIMERIE ET LITHOGRAPHIE MOUGIN
ET CHEZ LES LIBRAIRES
1879

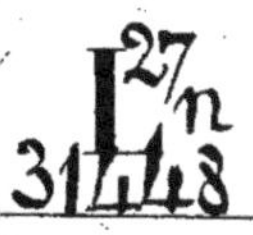

A

LA SOCIÉTÉ D'ÉMULATION

DES VOSGES

Persuadé, Messieurs, que vous daignerez accueillir avec indulgence mon faible tribut de sympathies à un enfant des Vosges, qui fut toujours si fier d'être Vosgien et de s'en montrer digne, à Albert Montémont, notre compatriote, permettez-moi d'y joindre l'expression de mes sentiments dévoués.

CHARLES.

Monsieur,

La Société d'Emulation des Vosges a reçu le travail que vous avez bien voulu lui adresser pour le concours de 1879, ***Notice biographique sur Albert Montémont.***

En attendant qu'il soit soumis à l'examen de l'un de ses membres ou de l'une de ses commissions, conformément au règlement, la Société en a ordonné le dépôt dans ses archives, et a chargé son Secrétaire perpétuel de vous adresser ses remerciments les plus sincères.

Veuillez agréer, Monsieur, l'assurance de mes sentiments les plus distingués.

Le Secrétaire perpétuel,

Ed. CHEREST.

Epinal, le 1er juillet 1879.

ALBERT MONTÉMONT

CHEVALIER DE LA LÉGION D'HONNEUR

HOMME DE LETTRES

SA VIE — SES ŒUVRES — SA MORT

Omnique orbe peregrato, invenit
Ubique quod disceret.

Dans ses voyages à travers le monde
Il trouva partout quelque chose à apprendre.

Egards et justice pour tous.

Albert Montémont est né à Rupt-sur-Moselle le 20 août 1788 et non à Remiremont, comme l'indique une notice biographique extraite de la *Revue générale biographique* de l'année 1846, dans la maison occupée actuellement par un membre de sa famille, M. Viry-Adam, maison qui était connue à cette époque, sous le nom de la Ferme de la Croix-de-Lette. Ce fut là son berceau qu'il a chanté d'ailleurs dans une romance toute pleine de naïveté sous le titre de *Souvenirs du pays natal* et sur l'air de celle de Chateaubriand :

« Combien j'ai bonne souvenance. »

Son père brigadier forestier de profession, exerça longtemps les fonctions de maire de la commune de Rupt, où il avait ses propriétés, à la suite d'évènements qui l'avaient fait remarquer par ses compatriotes qui ne le connaissaient plus que sous le nom honorifique du commandant Montémont. Cette marque d'estime lui fut donnée dans les circonstances suivantes, comme nous le rapporte un chroniqueur du pays, le sieur J. Perrin, cultivateur à Longchamp, dans une histoire locale parue en 1856 et 1857. Nous copions textuellement l'anecdote.

« 28 Germinal an IV, 18 avril 1796. Réorganisation de la garde nationale de Rupt. — A midi précis, l'agent municipal revêtu de son écharpe, se rend sur la place de l'Eglise près de l'arbre de la Liberté. Là il trouve réunis les gardes nationaux et leur commandant Jean-Joseph Montémont de Lette. Il donne lecture des décrets concernant la réception des chefs des gardes nationales. Ensuite il invite le commandant à prêter devant lui et en face de sa garde son serment patriotique. L'épée nue à la main, celui-ci s'avance et prononce d'une voix ferme ces paroles : « Je jure fidélité à la nation, haine à la royauté et obéissance aux lois de la République. — Au nom du peuple français, poursuit l'agent, vous reconnaîtrez le citoyen Jean-Joseph Montémont pour votre chef de bataillon et vous lui obéirez en tout ce qu'il vous ordonnera pour la sûreté des personnes, la garantie des propriétés et le service de la République! » L'agent donne ensuite l'accolade fraternelle au récipiendaire et le décore des marques distinctives de son grade. Le commandant, ayant alors force d'autorité, reçoit immédiatement le serment des officiers, sous-officiers et gardes de son bataillon qui comptait plus de huit cents hommes. »

Le commandant Montémont, doué d'un esprit fier, d'une âme élevée, d'un caractère ferme et d'un cœur droit, obtint vite le respect, l'estime et l'affection de ses subordonnés. Plus tard lorsqu'il résigna le commandement, ce fut pour exercer les fonctions de maire de sa commune.

Son plus beau titre à la célébrité est d'avoir donné le jour à trois fils devenus eux-mêmes fort distingués, savoir :

A J.-J. Montémont, professeur de l'Université, auteur d'une grammaire latine, décédé en 1825 au service des Hellènes à Missolonghi ;

Au capitaine d'infanterie Jean-Nicolas Montémont, chevalier de la Légion d'honneur, commandant de la garde nationale de Rupt en 1848,

Et enfin au savant littérateur Albert Montémont, qui fait l'objet de ce travail.

Sous un tel père, les enfants ne pouvaient que recevoir une instruction fort distinguée pour l'époque et une éducation qui ne pouvait porter que d'heureux fruits.

SA VIE

Albert Montémont, heureusement doué sous le rapport des facultés intellectuelles et placé tout jeune, comme c'était l'habitude à cette époque, dans une famille allemande qui avait en échange confié son enfant à celle d'Albert, dut à cet usage l'avantage d'apprendre la langue de Gœthe et de Schiller et de se familiariser de bonne heure avec l'étude des langues vivantes.

Rentré dans sa famille après trois à quatre ans d'absence, il fut conduit au collége de Remiremont, qui portait alors le titre d'Ecole secondaire dirigée par l'abbé Janny, pour y continuer les études commencées dans le Haut-Rhin et placé sous la direction de son frère, qui professait à ce moment la classe de seconde dans cette institution.

Son intelligence vive et précoce, son ardeur au travail et les leçons qu'il reçut tant de la bonne et intelligente direction des études à laquelle s'appliquait l'abbé Janny que des soins empressés de son frère pour perfectionner son éducation, ne tardèrent pas à le faire remarquer et bientôt il monta lui-même des bancs de rhétorique à une chaire de seconde. Nous pouvons ajouter que c'est à son travail qu'il devait le bonheur d'enseigner dans cette institution, où il était venu lui-même pour s'instruire.

Malheureusement les revers de la fortune ayant atteint son père et la carrière de l'enseignement ne lui offrant surtout à cette époque qu'une perspective bornée; en outre les exigences administratives étant intolérables à un esprit si libéral et si ennemi du despotisme, il quitta en 1805 l'enseignement pour entrer dans l'administration des droits réunis, qui était à cette époque troublée le seul refuge des familles maltraitées par la Révolution et le lieu où Albert Montémont trouverait, non-seulement le moyen d'être un utile soutien à ses parents, mais aussi l'indépendance et la tranquillité qui convenaient à son caractère.

Après quatre années de surnumérariat il fut placé à Epinal, puis envoyé avec avancement à Valence dans la Drôme et de là dans les Hautes-Alpes, d'où il fut momentanément détaché pour suivre en Italie l'inspecteur général des départements du premier empire au-delà des Alpes, Auguste Pasquier.

Rentré à Gap en 1814, c'est là au milieu de ses modestes et laborieuses fonctions que vint le frapper une révocation, à laquelle nous devons peut-être son goût plus prononcé pour les lettres et les sciences. Il se soucia très-peu de cette mesure despotique, qui aurait brisé la carrière administrative de tout autre employé et qui pour lui tournait au profit de sa nouvelle carrière littéraire, qui se dessina à partir de ce jour.

Dès l'âge le plus tendre, il s'était trouvé mêlé aux grandes agitations politiques, qui dès 1789 ouvrirent pour la France une ère de révolution; il avait, en quelque sorte, été bercé par l'enthousiasme de la gloire et de la liberté. Une noble illusion, un beau prestige qui allaient régénérer le peuple, constituer pour lui une vie nouvelle et enfin créer une patrie à la place du mot qui en avait tenu lieu jusqu'alors. Tout cela avait frappé son imagination d'enfant mais beaucoup moins que les temps du Consulat et de l'Empire, qui avaient fortement impressionné son imagination en pleine vigueur d'adolescence.

Il avait été ou ébloui, comme tout le monde, ou seulement exalté par ces prestigieuses victoires qui avaient porté le drapeau de la France du Tage à la Moskowa, des bouches de l'Oder aux déserts de Syrie.

Séduit par l'éclat de tant de victoires remportées et par le libéralisme apparent de ce règne, il en fut le partisan dévoué et inébranlable et plus tard dans ses odes, il célébra la grandeur et la splendeur du premier empire, non pas en valet, mais avec dignité, et pour mieux m'exprimer, en homme reconnaissant pour les bienfaits qu'il en avait reçus. Le jour où il apprit, comme le reste de la France, que Napoléon, l'exilé de l'île d'Elbe reparaissait tout à coup sur les côtes de Provence pour rendre à la France sa liberté et sa gloire, il ne cacha pas les sentiments de son cœur. Aussi le lendemain de Waterloo, alors que les âmes de boue pressées de se trouver à la curée et d'avoir leur part des épaves du grand naufrage, rentrèrent aux Tuileries le cœur gros de ressentiments, elles ne manquèrent pas de signaler au nouveau gouvernement les partisans de l'empereur et des plus hautes fonctions jusqu'aux plus modestes; tout homme libéral et indépendant fut sacrifié. Albert Montémont eut l'honneur d'être une des premières victimes de cette réaction générale en fait et en principe contre les hommes et les choses de la Révolution.

Il quitta son poste sans regret et alla sans murmurer, chercher un asile et des consolations dans le sein des lettres et des sciences, où il ne tarda pas à briller.

A partir de cette époque, il se sentit entraîné vers le genre de poésie dont il devait agrandir la sphère et ne s'occupa plus qu'à se perfectionner et à produire, suivant l'humeur de sa muse, ces insouciantes et folles filles de la gaîté française, ces fiers élans du lyrisme élevé, enfin tous ces charmants caprices d'un esprit un peu blessé par les faits du jour, mais puissamment riche de fond et de forme.

Cette époque était on ne peut plus favorable pour la chanson. C'était aussi l'époque où la chanson conduisait à la Cour d'assises. Les Bourbons semblaient s'étudier à gouverner en dépit du bon sens et un système religioso-monarchique était adopté avec éclat ; quant aux libertés nationales, elles avaient toutes plus ou moins sombré dans le torrent de cette réaction aveuglée.

Pour se venger, il composa quelques odes sur Napoléon Ier et eut des vers pour ses malheurs, parce que à ses yeux, c'était l'homme en qui se résumaient alors les gloires et les grandeurs de la France, en qui se personnifiaient toutes les conquêtes morales et matérielles de la Révolution.

Après sa révocation, il eut un moment l'intention de se rendre aux Etats-Unis, mais un heureux hasard l'ayant mis en relations avec une opulente famille anglaise, il accepta près d'elle les modestes fonctions de précepteur.

Il y resta quatorze années consécutives, les consacra à l'étude et à des voyages en Suisse, en Italie, en Allemagne, en Angleterre, qui lui permirent de se familiariser avec les langues de ces peuples et surtout d'entreprendre la traduction des œuvres du célèbre Walter-Scott.

Il ne rentra en France qu'après les évènements de juillet 1830, c'est-à-dire après la victoire du principe de la souveraineté populaire sur celui de la souveraineté par droit divin. C'est à partir de cette période que la vie d'Albert Montémont se dessine de la manière la plus nette.

Les avenues de la fortune et des honneurs lui sont ouvertes, ses amis dévoués arrivent au ministère, on lui offrit plusieurs places importantes, principalement dans les bibliothèques de l'Etat, il refusa tout ce qui entraverait sa liberté. Il ne consentit qu'à une place de chef de bureau au ministère des finances, afin de trouver par une sage distribution de son temps le moyen de concilier les exigences de son emploi avec les travaux de son goût.

Déjà connu par ses nombreux travaux, il s'acquît par l'aménité de son caractère les plus nobles amitiés et compta parmi ses amis les hommes les plus distingués de l'époque dans la littérature, les arts, les sciences, la médecine et fut particulièrement lié avec l'illustre et infortuné Dumont d'Urville.

Membre de la Société Philotechnique depuis le 22 janvier 1823, il s'était fait remarquer à chaque séance par l'envoi régulier de quelque travail et plus tard à son retour en France, par une assiduité exceptionnelle. Aussi son âge avancé le fit doyen de cette société dont il avait vu le commencement et la prospérité et où il était traité en frère par les vieillards, en père par les jeunes auteurs, chéri et vénéré de tous.

SES ŒUVRES

Les *Lettres sur l'Astronomie*, cette exposition lumineuse et rapide des plus hautes vérités auxquelles ait pu s'élever l'esprit humain, qui avaient déjà reçu deux éditions avant 1830 et devaient encore en subir deux avaient particulièrement mis en lumière son nom.

La première édition parut en 1823, la deuxième en 1825, la troisième en 1838 et la quatrième en 1859.

Cet ouvrage qui était un résumé positif des vérités de la science eut une vogue immense et pour montrer la sensation que fit son apparition, je ne puis mieux faire que citer les différentes appréciations des hommes compétents de l'époque, soit dans les revues ou les journaux du temps que j'ai eu le bonheur de pouvoir consulter, grâce à l'obligeance de quelques amis qui ont pu me les procurer.

Ainsi on trouve dans le *Bulletin universel des Sciences* de février 1824, sous la signature du baron de Férussac, l'article suivant :

« L'auteur des *Lettres sur l'Astronomie* a voulu mettre cette belle science à la portée des gens du monde, des femmes même. Si on en juge par l'empressement avec lequel il est lu, on doit croire que M. Albert Montémont a atteint le but qu'il s'était proposé. Il a puisé aux meilleures sources et son livre est au niveau des connaissances acquises. M. Albert Montémont a pensé qu'en semant les fleurs de la poésie sur une lecture nécessairement sérieuse et quelquefois fatigante pour les personnes qui ne sont pas familiarisées avec les vérités mathématiques. Les morceaux de poésie qu'on y trouve sont tirés pour la plupart des écrivains les plus célèbres et presque tous sont destinés à peindre les grands phénomènes célestes. C'était une idée naturelle et heureuse, justifiée d'ailleurs par les choix qu'a faits l'auteur, qui a embrassé la science tout entière. »

Dans les *Nouvelles Annales des Voyages*, mars 1838, nous trouvons un long article sur les lettres de Montémont et dont nous détachons les fragments suivants :

« Tout ce qui tend à populariser cette belle science du ciel me semble un service rendu, un bon et noble travail, c'est l'œuvre de M. Albert Montémont. Je le félicite de l'avoir conçue avec autant de sagacité et de l'avoir exécutée avec autant de talent. Il a senti qu'il y avait une lacune à remplir envers les masses et a voulu promener ses lecteurs dans le ciel par des chemins moins pénibles, il s'est abstenu de détails arides, bien qu'il aborde de front les grandes vérités astronomiques. Il procède du simple au composé et nous conduit de l'observation superficielle des astres à leurs mouvements réels, puis aux lois de ces mouvements dans notre système planétaire, puis de ces lois aux principes de la gravitation des corps célestes dans les divers systèmes solaires, dont les étoiles paraissent être les centres. A cette exposition de la science, M. Albert Montémont en réunit l'histoire, où trouve place la biographie des astronomes célèbres, puis quelques chapitres sont consacrés aux marées, aux météores, aux vents, aux volcans, aux phénomènes de l'électricité et du magnétisme. Enfin une explication des termes techniques facilite l'intelligence de cet ouvrage, qui présente une solide instruction sous des formes agréables, variées et élevées comme le sujet. M. Albert Montémont a pris pour guide et pour conseil un des doyens de la science, M. Bouvard, directeur de l'Observatoire, qui a bien voulu revoir en entier ce travail et lui imprimer le cachet de son autorité. »

Dans le *Mercure du XIXe siècle* de mai 1825, sous la signature de Tissot :

« L'auteur a répondu à l'attente publique, il se sert avec talent de la poésie pour rendre la science populaire, il fait souvent avec précision et sans sécheresse le vers technique, il est exact dans ses définitions et ne met pas d'énigme dans sa poésie, enfin le livre de M. Albert Montémont présente beaucoup d'instruction sous des formes agréables, il serait à souhaiter que les *Lettres sur l'Astronomie* fussent introduites dans toutes les maisons d'éducation pour graver de bonne heure dans l'esprit des jeunes disciples des lettres quelques notions qu'ils açquerraient presque sans peine et qui les empêcheraient d'être étrangers à des connaissances aussi curieuses qu'utiles et même nécessaires pour tout le monde. »

Dans le *Moniteur Universel* du 5 décembre 1838, Bignau appréciait ainsi cette œuvre :

« Notre époque absorbée par de graves intérêts est avide de science, mais la masse des lecteurs aime l'érudition que l'on peut acquérir sans ennui. C'est pour répondre à ce besoin que M. Albert Montémont a composé les *Lettres sur l'Astronomie* et les trois éditions qu'elles ont obtenues prouvent que l'auteur a rempli son objet. Il avait d'ailleurs abordé franchement les vérités de la science de Képlen et de Laplace, son ouvrage est un livre de faits, dans lequel on ne donne rien à l'imagination, mais on n'ôte rien non plus à la nature de ce qu'elle présente de merveilleux. »

Dans le *Corsaire* du 2 mars 1838, un des rédacteurs, Viennot, s'exprime ainsi sur le compte des *Lettres :*

« En prédisant il y a quinze ans, le beau succès qu'a obtenu Albert Montémont, nous avions signalé quelques imperfections qui ont entièrement disparu. Aussi l'ouvrage nous paraît complètement digne d'éloges, nous pensons qu'il doit être recherché comme livre d'instruction et d'agrément tout à la fois par toutes les classes de lecteurs des deux sexes et il pourra même être consulté avec fruit par les adeptes. »

Enfin dans le *Constitutionnel* du 24 avril 1849, paraissait l'article suivant signé Jay :

« Honneur à l'écrivain, qui dégageant les phénomènes de leur complication, en traduit le résultat et le met sous les yeux de la masse des lecteurs.

« C'est la tâche qu'a osé entreprendre M. Albert Montémont, connu par de nombreux ouvrages, et le succès a couronné pleinement ses efforts, puisque son œuvre a obtenu déjà trois éditions. Le style de l'auteur est pur, exempt d'emphase et technique sans cesser d'être clair. »

En présence de ces savantes appréciations, nous ne pouvons qu'admirer cet écrivain, ce vulgarisateur d'une science aride, qui sut mener à bonne fin après une savante compilation des ouvrages astronomiques de Bailly, Lalande, Laplace, Delambre, Lagrange, Biot, Arago, Mollet, Francœur, Euler, Voison, Haüy, Newton, Boscowich, Herschell, et d'astronomes français et étrangers cette admirable conception scientifique, à laquelle il donna le modeste titre de *Lettres sur l'Astronomie*. Honneur donc à ce travailleur qui sut si bien répondre à un besoin de l'époque et réunir dans un livre, pour ainsi dire élémentaire les agréments de l'instruction et faire comprendre que les sciences pouvaient s'unir aux grâces ; mais ce que nous regrettons, c'est de voir l'oubli dans lequel est tombée une œuvre semblable et d'être dans l'incertitude de voir paraître le jour où elle pourra revivre à la lumière. Si cette notice pouvait y être pour quelque chose, une première pierre à cet édifice, ce serait non-seulement une satisfaction, mais un grand bonheur pour moi.

Aussitôt après parut en 1824, le *Voyage aux Alpes et en Italie*, en trois volumes in-18, qui était une description nouvelle de ces contrées qu'Albert Montémont avait explorées, alors qu'il exerçait ses fonctions d'employé de la régie. On y remarque surtout la description de Ferney, devenu si célèbre depuis que Voltaire en 1759 entreprit d'y fixer sa résidence en y construisant une charmante habitation selon ses goûts et qui servit de rendez-vous aux hommes éminents de l'époque. On doit lire surtout le glorieux panégyrique de Voltaire, dont le caractère affable et généreux le fit tant regretter des reconnaissantes populations qu'il avait comblées de ses bienfaits pendant son séjour au milieu d'elles. C'est là que nous trouvons cette magnifique description de l'habitation, jusqu'aux moindres vestiges du mobilier que possédait ce grand philosophe moderne, au moment où il l'abandonna pour venir à Paris chercher les honneurs du triomphe. Dans ce travail l'auteur nous a laissé le cachet de son caractère avec la fougue de sa jeunesse libérale et enthousiaste, lorsque sa plume nous raconte les sentiments d'admiration qu'éveillent en lui Voltaire, au moment où il approchait de la demeure du grand homme, et que le cœur plein de recueillement, comme le pèlerin de la Mecque, en s'avançant vers le tombeau de Mahomet, il donnait libre cours à sa pensée. Il s'écriait dans l'ardeur de sa foi : « O Voltaire ! O le plus aimable, le plus brillant des écrivains ! O le plus généreux des mortels ! Descendu depuis plus de quatre-vingts ans dans la tombe, tu as encore des ennemis acharnés à décrire ton génie. O aveuglement des passions ! O injustice des hommes ! »

Et pour donner plus de force au cri de son âme indignée, et pour répondre aux détracteurs de la *Nouvelle Héloïse*, il s'empressait de citer les quatre vers de Chenier, comme un dernier défi jeté à ces soutiens du trône et de l'autel, qui avaient sacrifié à leur rancune le jeune employé de l'administration des droits réunis. »

> Quel est donc ce parti qui veut par des outrages,
> A la publique estime arracher les ouvrages,
> Qui prétend sans appel condamner à l'oubli
> Un siècle où la raison vit son règne établi !

La même année Montémont fit paraître la traduction d'un poème anglais, intitulé les *Plaisirs de l'Espérance* par Thomas Campbell.

Cette œuvre de traduction, premier début du jeune littérateur, révèle ses profondes connaissances de la langue anglaise et fut un encouragement dans cette voie, car l'année suivante paraissait encore la traduction d'un poème anglais en vers français, les *Plaisirs de la Mémoire,* de Samuel Rogers.

Dans les intervalles, il préparait son traité de *Géographie élémentaire*, en six volumes in-18, avec 36 cartes descriptives des différentes parties du monde, livre intéressant, tant par l'abondance des renseignements sur le commerce, l'industrie, les mœurs de ces peuples que par la description de ces contrées alors presque inconnues.

La simple énumération du titre de ses ouvrages et des mémoires publiés par lui dans divers recueils et leur analyse rapide occuperaient plus de pages que cette notice.

A elle seule la traduction des œuvres du célèbre romancier anglais, Walter Scott, en 30 volumes, qui reçut quatre éditions, eût suffi à la gloire de cet écrivain fécond, qui eut le premier l'honneur de faire goûter au lecteur français ce charmant écrivain anglais, dont les contes et les romans furent si goûtés et si appréciés pendant près de trente ans par le peuple français. Il s'occupait en même temps de travaux de statistique, qui lui valurent de la part de la Société française de statistique universelle une médaille d'honneur, qu'il alla recevoir en personne à l'Hôtel-de-Ville, le 4 juin 1835.

L'année suivante, le 23 janvier 1836, il était appelé à l'honneur de prononcer à la grande Loge centrale de Paris, l'éloge funèbre du général Lafayette, de Settier, du maréchal Mortier, victime de l'attentat de Fieschi. Le discours qu'il prononça à cette occasion est demeuré comme un modèle de biographie contemporaine.

La même année, paraissait un travail vraiment gigantesque, qui méritait réellement son titre de *Bibliothèque* ou *Histoire universelle des voyages,* en 46 volumes in-18, avec cartes et portraits, contenant les voyages entrepris depuis les temps de Marco Polo en 1260 jusqu'en 1837.

Cette vaste collection attira plus que jamais sur cet intrépide auteur l'attention et la bienveillance publique et ce fut pour lui un grand sujet de satisfaction de rapporter à la Société de son pays un capital inaliénable et de se faire un homme à part avant d'avoir atteint l'âge mûr.

Pour faire suite à ce travail, il publia de 1837 à 1847 ses voyages nouveaux par terre et par mer, effectués de 1837 à 1847 dans les diverses parties du monde, renfermés en six volumes in-8, et contenant la description des contrées explorées, de leurs mœurs, coutumes, gouvernement, cultes, productions, industrie, commerce, avec un mot d'avant-propos emprunté à Lamartine.

« Les voyages, c'est la philosophie qui marche. »

Un voyage à Londres lui donna l'idée d'établir un guide utile au touriste pour se reconnaître au milieu du dédale de cette grande ville. Cet ouvrage, qu'il intitula *Voyage à Londres et dans les environs,* avec un plan de cette capitale eut un grand succès et reçut plusieurs éditions successives. Mais une œuvre qui était destinée à un grand succès et qui le fit remarquer au sein des lettres, ce fut lorsqu'il entreprit la traduction des œuvres d'Horace, au moment même où les hautes études classiques avaient subi une éclipse partielle à la suite d'une littérature importée d'Allemagne et d'Ecosse. Par ce travail, il eut pour but de ramener l'attention publique sur le plus parfait et le plus distingué des poètes lyriques de l'antiquité, l'immortel chantre de Tibur et réveiller dans l'esprit l'amour de ce genre que Voltaire a résumé sous le rapport moral dans les vers suivants :

Avec toi, l'on apprend à souffrir l'indigence,
A jouir sagement d'une honnête opulence,
A vivre avec soi-même, à servir ses amis,
A se moquer un peu de ses sots ennemis,
A sortir d'une vie triste ou peu fortunée
En rendant grâces aux dieux de nous l'avoir donnée.

Le principal mérite du traducteur d'Horace consiste dans le noble but qu'il s'était proposé, celui de donner comme il le dit lui-même dans la préface, droit de cité, donner une physionomie nationale, et rendre Horace français de latin qu'il était.

C'était peut-être téméraire et surtout impossible, mais dans cette tâche si ardue et si difficile que celle de reproduire en vers français le modèle par excellence de la poésie lyrique des anciens, nous sommes heureux de constater les heureuxefforts du traducteur et les encouragements bienveillants qui ne lui firent point défaut de la part de Tissot le célèbre académicien, de Mollevaut, de Jouy et Pougerville.

Le 18 décembre 1842, le secrétaire de la Société Philotechnique annonçait dans son compte-rendu la publication d'un nouveau tableau de Paris, présentant la topographie de cette capitale, ainsi qu'une revue générale de ses institutions et une description complète de ses monuments.

Ce guide de l'étranger à Paris obtint trois éditions successives et c'est un des plus complets de l'époque que l'on puisse consulter.

Il annonçait en outre que Montémont continuait ses notices sur les 86 départements de France et coopérait à la rédaction du Bulletin de la Société de Géographie, dont l'ancien président, l'illustre et infortuné Dumont d'Urville, venait de donner à Montémont une preuve de profonde estime et de sincère attachement en appelant de son nom des îles qu'il a découvertes dans son dernier voyage de circumnavigation. Ces îles dépendent du grand archipel de la Louisiane, au-delà de la Nouvelle-Guinée et de la Nouvelle-Hollande dans le Grand-Océan par 150° 3′ longitude, 11° 17′ latitude Sud.

Comme remerciements, il adressa à son ami l'amiral Dumont d'Urville cette belle ode que l'on connait, ces charmants couplets où il expose avec une certaine ironie sa profession de foi comme souverain de ces nouvelles iles. Nous ne pouvons mieux faire que de citer quelques couplets pour en montrer la grâce et la finesse quelque peu satyrique :

De par un illustre mari
D'îles me voilà souverain.
Je vais dans la Polynésie
Régner selon ma fantaisie.
Des ris et des jeux à la fois
Y font fleurir les douces lois.

Vous que l'amour et l'allégresse inspire,
Venez demeurer au sein de mon empire,
Venez demeurer dans mon empire.

Aux vices leurs fertiles bords
Interdiront tous les abords.
Par des arrêts en vaudevilles,
J'en exclurai les âmes viles,
Les fâcheux et les médisants,
Les sots et les mauvais plaisants.
Vous que, etc.

Le clairon cher aux potentats
Ne troublera point nos états.
Pour palais, un abri de chaume.
A pied, parcourant mon royaume
Ainsi que le roi d'Yvetot.
Vivant bien, je dormirai tôt.
Vous que, etc.

Libre d'envie, exempt de soins,
Borné dans mes simples besoins,
Je prétends, nouvel Henri-Quatre,
Mais sûr de régner sans combattre,
A mes noirs, affranchis d'impôts,
Faire accorder la poule aux pots.
Vous que, etc.

Cet heureux coin de l'univers
Riche des biens les plus divers
Appelle encore, pour qu'on le chante,
Ce Caveau joyeux qui m'enchante.
Accourez donc, vous aurez tout.
Trésor, femmes et vin surtout.

Du vrai bonheur vous que l'amour inspire,
Venez demeurer au sein de mon empire,
Venez demeurer dans mon empire.

A part tous ces travaux, Albert Montémont était chargé non-seulement de la rédaction de nombreux comptes-rendus sur la situation de plusieurs sociétés littéraires dont il faisait partie, mais aussi composait des odes, des stances, des impromptus et différents ouvrages traitant de toutes sortes de questions.

Ainsi en 1841, il rédigeait les notices d'un grand atlas départemental et présentait le 19 décembre de la même année à la Société Philotechnique un travail sur les volcans en général et le Vésuve et l'Etna surtout, et en outre quelques ouvrages de géographie où il s'attachait à décrire exactement les mœurs et les usages des différents peuples du Nord et des Esquimaux en particulier.

Le 12 juillet 1843, il faisait paraître un ouvrage en deux volumes sur la situation des établissements français en Algérie de 1841 à 1842.

Le 4 septembre 1845, paraissait l'*Orient*, livre dans lequel l'auteur présentait d'utiles considérations sur cette partie du monde où s'agitaient à cette époque et se débattent encore aujourd'hui de si puissants intérêts.

Le 22 juin 1849, il présentait à la Société philotechnique, son rapport sur une œuvre d'un de ses amis, M. Guerrier de Dumast, *Histoire et Tableaux de Nancy.*

Le 12 octobre, une analyse de plusieurs voyages en Hongrie.

Le 22 juin 1850, un rapport sur les mémoires de l'Académie d'Amiens, depuis 1835 à 1847.

Le 23 août de la même année, un autre rapport sur un poème de M. de Montesquieu, intitulé *Moïse.*

Le 12 octobre, un rapport sur une traduction en anglais des fables de M. Keau, par M. le baron de Stassart.

Le 12 février 1855, une notice sur les mœurs, coutumes des habitants du Thibet.

Le 12 août, des stances sur les nombres depuis un jusqu'à dix, qui étaient ainsi appréciées par M. Berville :

« Ainsi M. Montémont, à qui de longs services dans l'administration des finances ont révélé la valeur des chiffres a pris cette fois l'arithmétique pour sa muse, et dans une série de compositions badines a chanté tour à tour, le nombre un, puis les autres nombres jusqu'à dix, et peut-être dans sa facilité ne se fût-il point arrêté là, sans son juste respect pour le système décimal que notre législation a consacré. »

Enfin il est l'auteur d'une quantité tellement considérable de rapports, de notices, d'appréciations, que nous nous faisons un devoir de les passer sous silence, et de ne citer que les travaux les plus sérieux pour montrer l'activité infatigable de cette intelligence, à laquelle tous les sujets devenaient familiers par l'étude.

C'est surtout dans l'analyse d'une de ses grandes œuvres que se révèle cet esprit érudit et réellement en avance sur les idées de son époque que nous trouvons cette connaissance, cette érudition, fruit de son travail, dans la *Grammaire générale*, qui parut en 1845, en deux volumes in-8°.

Cette grammaire générale ou philosophie des langues est une analyse de l'art de parler considéré dans l'esprit et dans le discours, au moyen des usages comparés des langues hébraïque, grecque, latine, allemande, anglaise, italienne, espagnole, française et autres. Nous ne pouvons mieux faire pour donner une idée du plan et de l'œuvre qu'il entreprenait avec tant de succès et de gloire pour son nom, que de citer l'avant-propos donné par l'auteur lui-même en tête de la première édition :

« Encore une grammaire générale ! Quelle idée arriérée, diraient peut-être des esprits accoutumés à ne voir que la superficie des choses : oui, répondrons-nous. Encore une grammaire générale. Ce besoin de notre siècle est plus réel, plus vif, plus pressant qu'on ne pense, et ce n'est pas, comme le reconnait lui-même avec raison, M. Eichoff, un de nos érudits les plus distingués, ce n'est pas se livrer à une recherche oiseuse que de concourir par ses efforts à la satisfaction de ce besoin. C'est à l'aide des langues que les états et les peuples satisfont ces importants besoins, elles sont la clé de nos rapports internationaux de nos liens de bon voisinage, par elles plus de frontières, plus de Pyrénées, plus d'Océan. Comment arriver à la connaissance de ces langues? C'est par l'étude de la grammaire, cette science qui donne aux mots la circulation et la vie. Etudier la grammaire, c'est comme l'observait Condillac, étudier les méthodes que les hommes ont suivies dans l'analyse de la pensée et l'analyse est toute dans l'esprit humain qui est son principe, dans les langues qui sont ses moyens et dans les sciences qui sont ses effets. »

Ensuite il indique qu'il suivra les routes ouvertes et jalonnées par les Condillac, les Hams, les Beaugée, les Destutt de Tracy, et mettra à contribution l s princes de la philosophie de tous les temps et de tous les pays, tout en donnant le caractère qui distinguera cette publication des autres productions du même genre, et termine en exprimant ses remerciments aux personnes qui ont bien voulu encourager de leurs suffrages une œuvre aussi ardue que difficile, qu'il avait commencée avec son frère aîné, professeur de l'Université, qu'une mort glorieuse avait enlevé vingt ans avant la publication de cet ouvrage.

Cette grammaire générale ou système grammatical qui a été basée sur de nouvelles divisions et fondée sur une méthode philosophique simple, claire, régulière, se compose de deux grandes divisions qui elles-mêmes forment chacune deux parties. Elle commence, comme le dit lui-même l'auteur, par l'idéalogie ou science des idées, continue par l'analyse des mots et leur syntaxe et finit par la rhétorique élémentaire. Ainsi elle embrasse toutes les notions et les faits grammaticaux qui se rapportent à la science de l'expression de la pensée par le discours, aussi elle présente une méthode non seulement d'apprendre, mais encore d'enseigner les langues et ramène tous les systèmes de grammaire à une même analyse applicable à toutes les langues que nous mettrons en parallèle. Cette méthode est toute dans les idées, qui sont ses principes, dans l'analyse grammaticale qui est son moyen et dans le discours qui est son objet.

Cette œuvre qui révèle la science et l'esprit d'analyse de l'auteur et ses nombreuses connaissances de toutes les langues nous prouve qu'il était apte à tenter avec succès tous les genres d'écrits et surtout celui-ci qui particulièrement est une œuvre d'érudit et de grammairien.

Nous avons encore de lui une traduction des œuvres du capitaine Marryat, comprenant dix volumes, puis différentes notices biographiques sur la vie, les travaux de plusieurs écrivains célèbres, français et étrangers, entr'autres de Goldsmith, Lucy Aikin, à qui l'on doit les mémoires sur la cour d'Elisabeth, la fameuse reine d'Angleterre. Plusieurs notices nécrologiques sur son infortuné ami, l'amiral Dumont d'Urville, sur le baron de Ladoucette, un des meilleurs préfets de la Restauration, et d'autres personnages politiques avec lesquels il avait été en relations, soit en France, soit dans ses voyages dans les différentes parties du monde. Enfin son dernier ouvrage parut l'année de sa mort sous le titre de *Voyage à Dresde et dans les Vosges*, dans lequel l'auteur se plait à mettre en parallèle ces deux contrées les plus pittoresques après la Suisse et dont les habitudes offrent, selon lui, plus d'une analogie dans le caractère, les mœurs et les usages. L'étude des Vosges est particulièrement intéressante pour tout Vosgien, désireux de connaître les beautés de son pays, les mœurs, coutumes des différentes localités, les hommes célèbres qui y sont nés et tout ce qui honore ou a honoré cette terre si féconde à tous les points de vue.

Indépendamment de ces ouvrages de longue haleine, Albert Montémont a composé une foule de poésies légères, semées dans les recueils périodiques de la Société philotechnique, et notamment dans celui des chansons du Caveau, où il entra comme membre titulaire en 1834.

Le Caveau, comme chacun le sait, à cette époque, était

une Société lyrique et gastronomique qui avait eu ses jours de renommée et où l'on briguait l'honneur d'être admis tout comme à l'Académie.

Reformé en 1806, il prit le nom de Caveau moderne, et les chansonniers y étaient non seulement admis, mais aussi tous ceux qui étaient recommandés par leurs titres de talent et de célébrité. A cette époque où l'on chantait encore en France, le Caveau moderne avait un grand retentissement jusque dans l'étranger.

Le règlement de la Société, tout en couplets, portait que les chansonniers ne devaient s'occuper

Jamais de politique,
Jamais de religion
Ni de mirliton.

Et cependant Béranger ne tarda pas à violer cette consigne avec Désaugiers et Albert Montémont.

En 1822, le Caveau fut dissout et ne se reconstitua qu'en 1834, époque à laquelle Montémont y entra comme membre fondateur et dont il devint président en 1846.

Tous les mois un dîner réunissait chez Baleine, au Rocher de Cancale, les membres du Caveau et chacun devait apporter son obole lyrique, et au bout de l'année un volume réunissait toutes ces chansons apportées à chaque dîner mensuel.

C'est dans ce recueil qu'ont été publiées à côté de celles de Béranger et de Désaugiers, les chansons d'Albert Montémont, au nombre de plus de 300.

Il se rendait souvent aussi au Moulin-de-Beurre, chez la mère Saguet, espèce de cabaret de banlieue où le vin était bon, la cuisine friande, et qui avait été découvert en 1819, par Romieu, homme de lettres et journaliste, qui y conduisit ses bons compagnons de vie joyeuse, parmi lesquels Thiers, Armand Carrel, Chenavard, Charlet, Béranger, Moreau, Dumersau, Gentil, et enfin Albert Montémont.

Dans ce milieu joyeux, qui était comme une succursale du

Caveau, le dîner avait lieu à quatre heures précises et le silence ne pouvait être réclamé que trois fois, au potage pour chanter debout et tête nue un refrain bachique, en guise de *benedicite*, après le potage pour se rasseoir et jouer de la mâchoire, au dessert pour entonner la chansonnette. C'est à ce moment qu'Albert Montémont retenait sous le charme de sa voix et la gaieté de ses propos les heureux convives et qu'il chanta souvent ses *Glissades*, la *Vosgienne*, son *Pays natal*, et qu'il devint suspect au gouvernement de l'époque en fréquentant ce cabaret où Béranger entonnait le *Roi d'Yvetot*, les *Gueux* et le *Dieu des bonnes gens* qui fit tant de bruit dans le monde politique et occasionna en 1822, la dispersion de ces joyeux convives mais redoutables citoyens et la fermeture du cabaret de la mère Saguet.

Albert Montémont a tenté tous les genres de poésies, mais c'est dans l'ode surtout qu'il se révèle, parce qu'il n'est point de genre de poésie plus poétique, s'il m'est permis de m'exprimer ainsi, que l'ode proprement dite. Dans l'ode, c'est le poète lui-même qui s'annonce et qui va chanter, son inspiration est prophétique et aussi a-t-il besoin pour réussir dans ce genre de poésie de ces qualités si rares et si précieuses, qui suivant Horace, font le vrai poëte, un talent réel et une manière spéciale de s'exprimer toujours noble, élégante et surtout sublime.

Dans ses odes, Montémont parait tout entier. Son début est hardi, frappant, on y voit toute la chaleur de son âme et tout l'enthousiasme dont elle est remplie. Il a excellé aussi dans les chansons érotiques, où l'amour, la galanterie fournissent le sujet, mais qui demandent également une grande finesse dans l'esprit et beaucoup de délicatesse dans le sentiment.

Les quelques chansons bachiques composées pour le Caveau sont consacrées à la louange du vin et des buveurs, et là nous retrouvons le principal caractère du chansonnier. L'enjouement, la liberté et les traits d'une imagination vive, hardie et d'un certain enthousiasme même si je puis ajouter, d'un délire qui fait le plaisant de ces sortes de chansons, parce qu'il semble que c'est la liqueur que le poëte célèbre, qui les a fait naître, comme on peut le voir dans cette chanson, intitulée ***Ma Bouteille et mes Chansons***, et dont nous donnons le premier couplet.

Jusqu'au moment où la Parque
Rompra le fil de mes jours,
Gaiement, je laisse ma barque
De l'onde effleurer le cours.
Ma compagne de voyage
C'est ma lyre aux tendres sons,
Et pour faire tête à l'orage
J'ai ma bouteille et mes chansons.

Il avait en effet pour la bouteille de vin surtout, la plus sincère affection, c'était l'amie de son cœur, d'ailleurs il ne s'en cachait pas et c'était son bonheur de s'écrier en la caressant du regard en vrai épicurien qu'il était :

Bouteille, ô ma maîtresse
Aux glouglous généreux,
Aimable enchanteresse,
De ton ivresse
Chacun est amoureux.

Albert Montémont était un bon enfant, qui ne se tourmenta pas plus des rigueurs de la fortune que ne l'avaient fait La Fontaine et Béranger. S'il eût voulu s'enrichir avec ses œuvres seules rien ne lui eût été plus facile, mais cela même n'a pu le tenter; c'est que la modération faisait le fond de son caractère. Avec ses goûts simples, ce qui eût été la pauvreté pour un autre était la satisfaction pour lui.

Ses manières furent toujours simples et modestes, mais il aimait à s'égayer, et dans le commerce de la vie son apport n'était pas en argent comptant, il n'y mettait qu'une douceur et une complaisance qui le faisaient vivement rechercher, même dans la haute société de l'époque.

D'un caractère naturellement gai, jovial, il passait régulièrement pendant son séjour dans la capitale, ses soirées dans la famille de ses nombreux amis où il avait dans chacune son couvert mis chaque jour de la semaine à date fixe. Son arrivée était toujours impatiemment attendue parce qu'il animait la conversation par cette sorte de plaisanterie, qui sans blesser jamais, plaît par l'imprévu et excite dans l'esprit des idées agréables. Il récréait surtout en racontant ses voyages dans les différentes parties du monde et terminait toujours la soirée par quelques chansonnettes qui généralement prolongeaient la réunion jusqu'à l'aurore, car au talent de chanteur, il joignait celui d'acteur, tant son expression était naturelle.

Pour dire la vérité en vrai biographe, nous devons ajouter qu'il ne brillait pas dans cette foule élégante, lettrée et d'amis haut placés par l'élégance des formes, car jamais l'extérieur n'annonça plus de simplicité rustique ; mais, homme du monde, il remplissait son rôle d'une manière parfaite, sa pensée était pleine de délicatesse, son débit charmait et enchantait, et à la moindre occasion, sur n'importe quel sujet, tant était grande sa facilité d'improviser, il élaborait des couplets, des impromptus pleins de finesse, de grâce ou de galanterie. Nul n'était mieux fait que lui pour goûter les douceurs de l'amitié et de l'affection d'une famille et cependant il ne se maria pas et on doute même qu'il ait jamais connu ces amours faciles dont il a pourtant chanté les capricieuses malices. Il venait chercher chaque année régulièrement depuis 1852 ses plaisirs au sein de son village natal. C'était de préférence au mois de mai, afin de pouvoir jouir du magnifique spectacle qu'offre la vallée de la Moselle, au moment où la nature revêt ses plus belles parures. Son séjour en général durait un mois, lequel était employé à gravir les montagnes à parcourir à pied les vallées environnantes et à visiter ses amis d'enfance, auxquels il se faisait un plaisir d'apprendre *la Vosgienne* et de leur faire répéter en chœur. C'était un vrai plaisir pour lui de revoir le berceau de ses jours et l'on peut dire qu'il devait s'écrier comme Ovide :

Nescio quâ natale solum dulcedine cunctos,
Ducit et immemores non sinit esse sui.

Nous pouvons même ajouter que ces deux vers, qu'il avait toujours présents à la mémoire, lui ont inspiré ses plus belles odes, *les Souvenirs du pays natal, la Moselle,* et surtout *la Vosgienne*, ce chant national que tout Vosgien connaît ou devrait connaître, cette belle ode patriotique que M. Truchelut, photographe à Paris, entonnait au milieu des applaudissements de tous ceux qui assistaient au banquet de l'association vosgienne de cette année 1879.

Nous devons dire également à l'honneur d'Albert Montémont que c'est à lui et à M. Garcin, de Neufchâteau, avocat, que l'on doit l'initiative de la réorganisation de ce banquet destiné à réunir les Vosgiens fixés à Paris.

Sous la Restauration, plusieurs assemblées de ce genre où figura déjà Montémont qui en avait pris l'initiative en 1818, avaient produit les meilleurs résultats, mais elles ne s'étaient pas renouvelées depuis 1830. C'est en 1842, que grâce à la généreuse initiative de nos deux compatriotes on vit renaître cette association qui tint son premier banquet le 28 décembre 1842 dans les salons du restaurateur Pestel, rue Saint-Honoré, 248, à Paris.

Cinquante-huit convives s'y rendirent, parmi lesquels M. Bresson, conseiller à la cour de cassation, M. David, conseiller d'Etat, M. Bresson, député, M. Didelot, Boulay de la Meurthe, le docteur Malgaigne et un grand nombre de notabilités politiques, littéraires, etc. C'est à cette réunion qu'Albert Montémont entonna pour la première fois sa belle *Vosgienne* au milieu d'un enthousiasme général. Depuis cette époque jusqu'à sa mort, il ne manqua pas une seule fois d'y briller par sa présence et d'y chanter toujours avec le même entrain cette hymne immortelle.

Plein de cette gaieté qu'il regardait comme sa divinité tutélaire et qui ne l'abandonna pas un seul instant pendant le cours de sa vie, il soutint toujours avec une philosophie épicurienne les épreuves par lesquelles il dut passer en luttant contre elles avec les seules armes de son humeur joyeuse.

Ses chansons ne sont pas si spirituelles ni aussi correctes que celles de Panard ou de Désaugiers, ses amis du Caveau, mais elles sont gracieuses et fortes d'idées. Quelques-unes sont, pour leur développement, de petits poèmes; et le grand nombre ont le mérite d'offrir une peinture piquante et vive des mœurs et ridicules de toutes les classes de la société de l'époque. Nous en trouvons une preuve dans cette satyre, intitulée *les Affinités*, dont je me contenterai de citer un ou deux passages :

Au Jardin des Plantes un jour
Ayant porté ma rêverie,
J'examinais de ce séjour
La splendide ménagerie.
Aux plis tortueux du serpent
Que sa cage étale en spectacle
Je songeais à l'homme rampant
Qui se courbe autour de l'obstacle.

Si reculant vers son marais
L'écrevisse attirait ma vue,
Des adversaires du progrès
Je croyais faire la revue.
Le loup-cervier aux vils penchants
Signalait les croupiers de bourse,
Le tigre annonçait les méchants
Et le rat l'esprit de ressource.

Pour la verve, la philosophie, il en est plusieurs que l'on peut comparer aux plus belles odes d'Horace et l'on peut dire qu'il avait puisé ce genre en le traduisant, et pour l'insouciance épicurienne, aux meilleures stances de Chaulieu. En général, je pourrais citer cent autres chansons qui satisfont le goût le plus sévère. En résumé, ce sont des chefs-d'œuvre souvent d'improvisation, qui peuvent être placés à côté de ce que nous possédons de plus agréable dans le genre si riche en France de la poésie légère et badine.

C'est au milieu de ces paisibles travaux que vint le trouver une récompense justement méritée. Il reçut la croix de chevalier de la Légion d'honneur en décembre 1850 sur la proposition de M. de Parieu, alors ministre de l'instruction publique et des beaux-arts. La joie fut grande parmi ses amis et à la première séance du Caveau, on lui adressa force félicitations en couplets et M. Justin Cabassol fut chargé au nom du Caveau d'adresser en l'honneur de cette décoration a Albert Montémont les couplets suivants :

Cher Albert, c'est avec bonheur
Que notre élite chansonnière
Voit briller à ta boutonnière
Le signe éclatant de l'honneur.

Ce n'est point pour des sornettes
Qu'on te décore, je crois,
Nos modestes chansonnettes
Ne font pas gagner la croix.

Mais on sait qu'en habile auteur
Ta plume, des Grâces amie
Des Lettres sur l'Astronomie
Dota le curieux lecteur.

On sait que chassant de race
Ta muse, chère à Tibur,
Pas à pas suivit Horace
Dans un vers coulant et pur.

Selon la loi de Despréaux,
Passant du plaisant au sévère,
On sait que ta vaste Grammaire
Est le fruit de profonds travaux.

Etc., etc.

Français et citoyen, Montémont adora, chanta la patrie et la liberté ; le pouvoir impérial, bien que très-susceptible, n'en prit jamais ombrage et notre chansonnier conserva jusqu'à sa mort sa place de surveillant des finances.

Peu de branches de la littérature ou des sciences lui sont demeurées étrangères, les manuscrits qu'il a laissés en grand nombre prouvent une érudition riche et variée, mais la traduction, œuvre de labeur et de conscience, allait surtout à la nature de son esprit et a particulièrement occupé ses veilles.

On peut même se demander comment il a pu suffire à la production de travaux si nombreux et si variés et qui exigeaient tant de connaissances. On ne le comprend bien que quand on sait quelles étaient ses habitudes de travail. Tous les jours régulièrement il se levait de bonne heure, chantonnait sa favorite *la Vosgienne* ou quelque gaudriole et se mettait à ses travaux jusqu'au moment de se rendre au ministère des finances. Là il expédiait rapidement les affaires du jour et se remettait à ses travaux favoris. Le soir, il se rendait chez l'un ou l'autre de ses amis et n'importe l'heure à laquelle il rentrait à son domicile, il s'asseyait sur son lit, écrivait, méditait ou faisait quelques chansons.

C'est au milieu de cette vie si calme et si bien remplie que vint le surprendre une maladie aiguë, qui au bout de quatre jours le ravit à ses travaux et à ses fidèles amis qui l'assistèrent à ses derniers moments et ne le quittèrent pas d'une seule minute pendant ses jours de souffrances. Il mourut le lundi 31 décembre 1861, à cinq heures du matin, et ses funérailles eurent lieu le 2 janvier suivant à midi à l'église de la Madelaine, sa paroisse. Son corps fut conduit et accompagné à sa dernière demeure au cimetière Montmartre par une suite nombreuse composée de ses amis et des notabilités littéraires de l'époque.

Sur sa tombe plusieurs discours furent prononcés par quelques amis, entr'autres par le baron de Ladoucette, qui s'était chargé des frais des funérailles et les avait fait grandioses.

Telle fut la fin de cet homme, de ce poète, de cet écrivain

qu'une mort rapide enleva aux lettres françaises et dont le nom ignoré de la plupart de ses concitoyens est encore vivace grâce à l'amitié du célèbre Dumont d'Urville, parmi ses sujets d'outre-mer aux îles du Sud qui portent encore actuellement le nom d'îles Montémont.

Puisse cette notice, ce faible tribut, objet de tous mes efforts, que je viens offrir à la bienveillante sympathie de la Société d'Emulation des Vosges être un hommage digne de la mémoire de ce travailleur infatigable et capable de rendre à son nom ignoré la justice qu'il s'est méritée par ses œuvres.

Ton nom, Albert Montémont, est oublié, mais tes travaux vivront dans la mémoire des hommes, *la Vosgienne* sera chantée longtemps par tes compatriotes, le souvenir de tes bienfaits palpite encore dans tous les cœurs généreux et cette double immortalité sera encore une leçon que tu auras léguée à la terre, car elle lui dira :

L'homme de bien s'endort mais ne meurt jamais.

Et moi je redirai comme aujourd'hui à tes concitoyens ces deux vers d'un auteur également ignoré :

Honneur à ce mortel que la soif de connaître
Exila noblement du toit qui l'a vu naître.

FIN.

Rupt-sur-Moselle, le 3 juin 1879.

CHARLES.

LA VOSGIENNE

CHANT NATIONAL DU PAYS

21e édition.

Air des Puritains.

De nos belles campagnes,
De nos vallons, de nos montagnes,
Vosgiens, chantons avec fierté
Les trésors et liberté.

Alpes aux vieux sommets
Valûtes-vous jamais
Nos ballons romantiques
Et nos forêts antiques?
A vous les noirs torrents
Qui roulent le ravage ;
A nous le frais rivage
Des ruisseaux transparents !

De nos belles campagnes, etc.

Pérou, cher au condor
Garde tes mines d'or :
Nos vertes Cordillières
Riches de leurs houillières,
Ont, pour armer nos rangs
Le fer de leurs entrailles,
Qui brise les murailles
Et le joug des tyrans.

De nos belles campagnes, etc.

Au pied de rocs Alpins
Couronnés de sapins,

Chez nous de la Moselle
L'humble source ruisselle ;
Et déployant son cours
La nymphe vagabonde
Porte au loin de son onde
Les opulents secours.

De nos belles campagnes, etc.

En dépit des frimas
Le ciel de nos climats
Mûrit de la cerise
Le jus qu'un gourmet prise ;
Contrexéville et Bains,
Plombières, vos naïades
Epanchent aux malades
La vertu de leurs bains

De nos belles campagnes, etc.

Lorsque d'autres douleurs
Parfois, causes de pleurs
De l'estomac débile
Dérangent le mobile,
Colline de Bussang
Ta source minérale
De son eau libérale
Epure notre sang.

De nos belles campagnes, etc.

O Mirecourt, salut !
Déjà l'orgue et le luth,
Fils de ta main hardie
Ouvrent leur mélodie ;
A quels ravissements
La Vosge s'abandonne
Lorsque ton art lui donne
Le roi des instruments !

De nos belles campagnes, etc.

Mirecourt, tes enfants,
De leurs doigts triomphants,
Tracent de la dentelle
Le plus parfait modèle ;
Ce blanc et frêle atour
Que notre œil idolâtre
Aime à parer l'albâtre
Arrondi par l'amour.

De nos belles campagnes, etc.

De nos chaumes nombreux
Les troupeaux généreux,
Versent d'un pur laitage
Le nourrissant partage ;
Et notre Gérômé,
De sa boîte natale,
Livre à la capitale
Son cumin parfumé.

De nos belles campagnes, etc.

A vos tournois livrés
Et de joie enivrés
Ménestrels d'Haréville,
Courez de ville en ville ;
De vos chants inouïs,
Nés l'hiver devant l'âtre
Portez l'élan folâtre
Aux plus lointains pays.

De nos belles campagnes, etc.

Vous modestes pêcheurs,
Admirables chercheurs
Qui rendez plus féconde
La truite vagabonde ;
Possesseurs des secrets
Surpris à la nature

De la pisciculture
Peignez-nous les attraits.

De nos belles campagnes, etc.

Ainsi que nos aïeux,
Francs et laborieux
Nous fuyons les intrigues,
Les faveurs et les brigues ;
Lorsque nous recherchons
Une digne conquête.
C'est en levant la tête
Que toujours nous marchons.

De nos belles campagnes, etc.

Vierge de Domremi,
Effroi de l'ennemi,
Aux rives de la Loire,
Tu te couvris de gloire ;
Quel plus fameux renom !
Sans toi, jeune héroïne,
La patrie en ruine
Eût vu périr son nom.

De nos belles campagues, etc.

Plus tard nos bataillons,
Désertant leurs sillons,
Couraient à la frontière
Braver l'Europe entière ;
Les belliqueux transports
De leur âme française
Ont de la *Marseillaise*
Entonné les accords.

De nos belles campagnes, etc.

Bientôt ces nobles cœurs
Promenent en vainqueurs

Du couchant à l'aurore,
Le drapeau tricolore ;
Et nos braves guerriers,
Ont, aux rives lointaines,
De victoires certaines
Couronné leurs lauriers.

De nos belles campagnes, etc.

Pour l'Etat, dignement,
Un autre dévouement
Couronna de nos pères
Les efforts moins prospères ;
Du pays invaincu
La crise la plus grande
Eut la civique offrande
De leur dernier écu.

De nos belles campagnes, etc.

Mais outre nos Césars,
Notre sol, cher aux arts
A de plus d'un génie
Vu naître l'harmonie ;
La Voge a pu compter
Des voix pour la dépeindre
Des crayons pour la peindre
Des luths pour la chanter.

De nos belles campagnes, etc.

Morts illustres, c'est vous
Qui répondez pour nous ;
Victor, Boulay, Grégoire,
Vous, élus de mémoire,
Gilbert et Neufchâteau,
Et toi, barde des Vosges
Pellet, comble d'éloges,
Sur le double côteau.

De nos belles campagnes, etc.

De tes divins crayons,
Fais briller tes rayons,
Lorrain, toi qui rappelles
Le grand siècle d'Appelles ;
Parlez, doctes Fleurots ;
Bexon, aux talents vastes ;
Calmet, qui de nos fastes
Débrouilla le chaos.

De nos belles campagnes, etc.

Et parmi les vivants
Que de Vosgiens fervents
Dont la mâle industrie
Enrichit la patrie ;
Dignes du souvenir
Qu'un pur éclat décore,
Puissent leurs noms encore
Occuper l'avenir !

De nos belles campagnes, etc.

Remiremont, imp. Mougin.

PRINCIPAUX OUVRAGES DE MONTÉMONT

1° *Lettres sur l'Astronomie.* Traité complet à la portée des gens du monde. 4 éditions, 2 volumes in-octavo.

2° *Voyage aux Alpes et en Italie,* ou Description nouvelle de ces contrées. 4 éditions, 1 volume in-8°.

3° *Histoire universelle des Voyages* depuis Marco-Polo et Magellan jusqu'à nos jours. 51 volumes in-8°.

4° *Voyages pittoresques dans les cinq parties du monde.* 6 volumes in-8° avec 36 cartes.

5° *Œuvres complètes Walter Scott.* 32 volumes in-8°. Traduction de l'anglais. Une édition a été stéréotypée par M. Firmin Didot.

6° *Voyage à Londres et ses environs.* 1 volume in-8°.

7° *Nouveau Tableau de Paris.* 7e édition. 1 volume in-8°.

8° *Œuvres du Capitaine Maryat,* traduites de l'anglais. 10 vol. in-8°.

9° *Grammaire générale ou Philosophie des langues* en dix langues comparées. 2 volumes in-8°.

10° *Odes d'Horace* traduites en vers français avec notes. 1 vol. in-18.

11° *Plaisirs de l'Expérience* de l'Anglais Thomas Campbell, traduits en vers français avec texte en regard. 1 vol. in-18. 2e édition.

12° *Plaisirs de la Mémoire,* de l'Anglais Samuel Rogers, traduits en vers français avec texte en regard. 1 volume in-18.

13° *Voyage à Dresde et dans les Vosges.* 1 volume in-18.

14° *Poésies diverses,* odes, épîtres, stances, etc. 5 vol. in-18.

15° *Chansons diverses.* 6 volumes in-18.

Remiremont, imp. Mougin.

www.ingramcontent.com/pod-product-compliance
Ingram Content Group UK Ltd.
Pitfield, Milton Keynes, MK11 3LW, UK
UKHW021037180726
13838UKWH00004B/1857

9 782329 364421